Rat der Europäischen Union

Verordnung (EU) Nr. 1182/2013 des Rates vom 19. November 2013

zur Änderung der Verordnungen (EG) Nr. 754/2009, (EU) Nr. 1262/2012, (EU) Nr. 39/2013 und (EU) Nr. 40/2013 hinsichtlich bestimmter Fangmöglichkeiten

Antiphon Verlag

Rat der Europäischen Union

Verordnung (EU) Nr. 1182/2013 des Rates vom 19. November 2013

zur Änderung der Verordnungen (EG) Nr. 754/2009, (EU) Nr. 1262/2012, (EU) Nr. 39/2013 und (EU) Nr. 40/2013 hinsichtlich bestimmter Fangmöglichkeiten

1. Auflage 2026 | ISBN: 978-3-38798-681-5

Antiphon Verlag ist ein Imprint der Antiquum Novum Verlag.

Verlag: Antiquum Novum Verlag UG (haftungsbeschränkt), Im Erlengrund 6a, 35510 Butzbach, Deutschland, info@antiquum-novum.de
Vertretungsberechtigt: E. Roepke, Zeilweg 44, 60439 Frankfurt, Deutschland
Druck: Libri Plureos GmbH, Friedensallee 273, 22763 Hamburg, Deutschland

VERORDNUNG (EU) Nr. 1182/2013 DES RATES

vom 19. November 2013

zur Änderung der Verordnungen (EG) Nr. 754/2009, (EU) Nr. 1262/2012, (EU) Nr. 39/2013 und (EU) Nr. 40/2013 hinsichtlich bestimmter Fangmöglichkeiten

DER RAT DER EUROPÄISCHEN UNION —

gestützt auf den Vertrag über die Arbeitsweise der Europäischen Union, insbesondere auf Artikel 43 Absatz 3,

auf Vorschlag der Europäischen Kommission,

in Erwägung nachstehender Gründe:

(1) Nach der Verordnung (EG) Nr. 2371/2002 des Rates [1] sind Maßnahmen der Union, die die Bedingungen für den Zugang zu den Gewässern und Ressourcen und die nachhaltige Ausübung des Fischfangs regeln, unter Berücksichtigung der verfügbaren wissenschaftlichen, technischen und wirtschaftlichen Gutachten und insbesondere der Berichte des Wissenschafts-, Technik- und Wirtschaftsausschusses für Fischerei (STECF) sowie der möglicherweise von Regionalbeiräten erhaltenen Gutachten auszuarbeiten.

(2) Mit der Verordnung (EG) Nr. 754/2009 des Rates [2] wurden bestimmte Gruppen von Fischereifahrzeugen von der Fischereiaufwandsregelung gemäß Kapitel III der Verordnung (EG) Nr. 1342/2008 des Rates [3] ausgenommen. Der zulässige Gesamtfischereiaufwand für unter diese Regelung fallende Fischereifahrzeuge ist derzeit in Anhang IIA der Verordnung (EU) Nr. 39/2013 des Rates [4] und Anhang IIA der Verordnung (EU) Nr. 40/2013 des Rates [5] festgelegt.

(3) Im Juni 2013 veröffentlichte der Internationale Rat für Meeresforschung (ICES) sein Gutachten für nördlichen Seehecht für das Jahr 2014. In diesem Gutachten hat der ICES ausgeführt, dass die Biomasse des Bestands im Jahr 2013 einen Höchststand erreicht hat und zudem die fischereiliche Sterblichkeit in den jüngsten Jahren drastisch zurückgegangen ist. Der Empfehlung des ICES zufolge kann die TAC im Jahr 2014 um 49 % auf 81 846 Tonnen erhöht werden. Irland und Spanien ersuchten angesichts dieses Gutachtens darum, dass die für diesen Bestand geltende TAC im Laufe des Jahres von 55 105 Tonnen auf 69 440 Tonnen aufgestockt wird, um Anlandungen in der Höhe zu erreichen, die nach Schätzung des ICES den derzeitigen Niveaus der fischereilichen Sterblichkeit entspricht, welche wiederum mit dem höchstmöglichen Dauerertrag in Einklang stehen. Auf der Grundlage der Zusage der betreffenden Mitgliedstaaten, durch strenge Kontrollen der Fischerei sicherzustellen, dass Fischereiaufwand und damit die fischereiliche Sterblichkeit konstant bleiben, wird das Ersuchen als annehmbar erachtet.

(4) Eine Gruppe von Fischereifahrzeugen unter der Flagge Spaniens, die westlich von Schottland Fischfang betreiben, ist derzeit von der Anwendung der Fischereiaufwandsregelung gemäß der Verordnung (EG) Nr. 1342/2008 ausgenommen. Anhand der von Spanien übermittelten Angaben im Jahr 2013 konnte der STECF nicht beurteilen, ob die Bedingungen der Verordnung (EG) Nr. 1342/2008 im Bewirtschaftungszeitraum 2012 erfüllt wurden. Deshalb sollte diese Gruppe spanischer Fischereifahrzeuge wieder in die Fischereiaufwandsregelung einbezogen werden. Die Verordnung (EG) Nr. 754/2009 sowie Anhang IIA der Verordnung (EU) Nr. 39/2013 sollten daher entsprechend geändert werden.

(5) Eine Gruppe von in der Nordsee tätigen Fischereifahrzeugen unter der Flagge Frankreichs ist derzeit von der Anwendung der Fischereiaufwandsregelung gemäß der Verordnung (EG) Nr. 1342/2008 ausgenommen. Anhand der von Frankreich übermittelten Angaben im Jahr 2013 kam der STECF zu dem Ergebnis, dass die Fangmengen dieser Fischereifahrzeuge über dem festgelegten Grenzwert lagen. Deshalb sollte diese Gruppe französischer Fischereifahrzeuge wieder in die Fischereiaufwandsregelung einbezogen werden. Die Verordnung (EG) Nr. 754/2009 sowie Anhang IIA der Verordnung (EU) Nr. 40/2013 sollten daher entsprechend geändert werden.

(6) Eine Gruppe von Fischereifahrzeugen unter der Flagge des Vereinigten Königreichs, die um die Insel Man in der Irischen See gezielte Fischerei auf die Bunte Kammmuschel (*Aequipecten opercularis*) betreibt, ist derzeit von der Anwendung der Fischereiaufwandsregelung gemäß der Verordnung (EG) Nr. 1342/2008 ausgenommen. Diese Ausnahme kommt jedoch aufgrund eines Rechenfehlers nicht in den Aufwandsobergrenzen gemäß Anhang IIA der Verordnung (EU) Nr. 39/2013 zum Ausdruck. Die Verordnung (EU) Nr. 39/2013 sollte daher entsprechend geändert werden.

---

[1] Verordnung (EG) Nr. 2371/2002 des Rates vom 20. Dezember 2002 über die Erhaltung und nachhaltige Nutzung der Fischereiressourcen im Rahmen der Gemeinsamen Fischereipolitik (ABl. L 358 vom 31.12.2002, S. 59).

[2] Verordnung (EG) Nr. 754/2009 des Rates vom 27. Juli 2009 zur Ausnahme bestimmter Gruppen von Fischereifahrzeugen von der Fischereiaufwandsregelung gemäß Kapitel III der Verordnung (EG) Nr. 1342/2008 (ABl. L 214 vom 19.8.2009, S. 16).

[3] Verordnung (EG) Nr. 1342/2008 des Rates vom 18. Dezember 2008 zur Festlegung eines langfristigen Plans für die Kabeljaubestände und die Fischereien, die diese Bestände befischen, sowie zur Aufhebung der Verordnung (EG) Nr. 423/2004 (ABl. L 348 vom 24.12.2008, S. 20).

[4] Verordnung (EU) Nr. 39/2013 des Rates vom 21. Januar 2013 zur Festsetzung der Fangmöglichkeiten für EU-Schiffe im Jahr 2013 für bestimmte, nicht über internationale Verhandlungen und Übereinkünfte regulierte Fischbestände und Bestandsgruppen (ABl. L 23 vom 25.1.2013, S. 1).

[5] Verordnung (EU) Nr. 40/2013 des Rates vom 21. Januar 2013 zur Festsetzung der Fangmöglichkeiten im Jahr 2013 in EU-Gewässern und für EU-Schiffe in bestimmten Nicht-EU-Gewässern für bestimmte, über internationale Verhandlungen und Übereinkünfte regulierte Fischbestände und Bestandsgruppen (ABl. L 23 vom 25.1.2013, S. 54).

(7) In der Verordnung (EU) Nr. 1262/2012 des Rates [1] sind für die Jahre 2013 und 2014 Fangbeschränkungen für eine Liste von Tiefseehaien festgelegt. Die Kommission hat den (ICES um eine Stellungnahme gebeten, ob es sinnvoll ist, diese Liste zu überarbeiten. Der ICES kam zu dem Schluss, dass hinreichende wissenschaftliche Informationen vorliegen, um die Streichung von Fleckhai (*Galeus melastomus*) und die Aufnahme aller Arten der Gattung *Centrophorus (Centrophorus spp.)* in die Liste der Tiefseehaie zu begründen. Die Verordnung (EU) Nr. 1262/2012 sollte entsprechend geändert werden.

(8) Nach dem Ergebnis der Konsultationen zwischen den Küstenstaaten über die Bewirtschaftung von Makrele, Blauem Wittling, Skandinavischem Atlantikhering und Nordsee-Schellfisch kann die Union Fangtätigkeiten von Unionsschiffen von bis zu 10 % über die der Union zur Verfügung stehende Quote hinaus mit der Maßgabe genehmigen, dass die über die der Union zur Verfügung stehende Quote hinaus in Anspruch genommenen Mengen von ihrer Quote für das Jahr 2014 abgezogen werden. Desgleichen kann die Union nicht in Anspruch genommene Mengen von bis zu 10 % der Quote, die ihr im Jahr 2013 zur Verfügung stand, im Jahr 2014 nutzen. Es ist angezeigt, den betreffenden Mitgliedstaaten eine entsprechende Flexibilität bei der Festsetzung dieser Fangmöglichkeiten zu ermöglichen, um gleiche Ausgangsbedingungen für Unionsschiffe zu gewährleisten, indem den Mitgliedstaaten insbesondere gestattet wird, sich für die Nutzung einer Flexibilitätsquote zu entscheiden. Hat ein Mitgliedstaat sich nicht für die Nutzung einer Flexibilitätsquote in Bezug auf einen bestimmten Bestand entschieden, so sollten gemäß Artikel 10 Absatz 2 der Verordnung (EU) Nr. 40/2013 die Artikel 3 und 4 der Verordnung (EG) Nr. 847/96 weiterhin Anwendung finden.

(9) Auf ihrer Jahrestagung im Jahr 2013 verabschiedete die Thunfischkommission für den Indischen Ozean (IOTC) eine Entschließung zum Schutz der Weißspitzen-Hochseehaie, die für im IOTC-Verzeichnis der zugelassenen Schiffe geführte Fischereifahrzeuge gilt. Diese Entschließung sieht als vorübergehende Pilotmaßnahme das Verbot vor, Körperteile oder ganze Körper von Weißspitzen-Hochseehaien an Bord mitzuführen, umzuladen, anzulanden oder zu lagern. Die Entschließung sieht außerdem eine Ausnahmeregelung für die handwerkliche Fischerei vor, d. h. für Fischereifahrzeuge, die innerhalb der ausschließlichen Wirtschaftszone (AWZ) des Mitgliedstaats, dessen Flagge sie führen, Fischfang betreiben. Die Verordnung (EU) Nr. 40/2013 sollte daher entsprechend geändert werden.

(10) Auf ihrer Jahrestagung im Jahr 2010 verabschiedete die Fischereikommission für den westlichen und mittleren Pazifik (WCPFC) eine Empfehlung zur Beschränkung der Zahl der Schiffe, die aktiv im Übereinkommensbereich südlich von 20° S Weißen Thun befischen. Daher sollte sichergestellt werden, dass diese Art im WCPFC-Übereinkommensbereich südlich von 20° S auch weiterhin von Unionsschiffen nicht gezielt befischt wird. Die Verordnung (EU) Nr. 40/2013 sollte daher entsprechend geändert werden.

(11) Die Fangmöglichkeiten für Unionsschiffe in norwegischen Gewässern sowie für norwegische Fischereifahrzeuge in Unionsgewässern werden jedes Jahr entsprechend der Konsultationen über die Fangrechte in Übereinstimmung mit dem bilateralen Fischereiabkommen mit Norwegen festgelegt [2]. Bis zum Abschluss dieser Konsultationen über die Vereinbarungen für das Jahr 2013 wurden mit der Verordnung (EU) Nr. 40/2013 vorläufige Fangmöglichkeiten für die betreffenden Bestände festgelegt. Am 18. Januar 2013 wurden die Konsultationen mit Norwegen abgeschlossen, und die entsprechenden Bestimmungen der Verordnung (EU) Nr. 40/2013 wurden durch die Verordnung (EU) Nr. 297/2013 [3] geändert. Allerdings wurde der Lumbbestand in den norwegischen Gewässern des Gebiets IV irrtümlich von der Verordnung (EU) Nr. 297/2013 ausgenommen. Des Weiteren entspricht die Fangmenge für Blauen Wittling, die Norwegen in den Unionsgewässern der Gebiete II, IVa, V und VI nördlich von 56° 30′N sowie Gebiet VII westlich von 12° W zugeteilt wurde, nicht der im Rahmen der Konsultationen mit diesem Land erzielten Vereinbarung. Anhang IA der Verordnung (EU) Nr. 40/2013 sollte daher entsprechend geändert werden.

(12) Bei der Zahl der Fischereifahrzeuge und den Kapazitäten, die der Union für den Fang von Schwertfisch und Weißem Thun im IOTC-Übereinkommensbereich zugeteilt wurden, wurde ein Fehler festgestellt. Anhang VI der Verordnung (EU) Nr. 40/2013 sollte daher entsprechend korrigiert werden.

(13) Nach der Beitrittsakte von 2012 und dem Beitritt Kroatiens am 1. Juli 2013 sollten Bestimmungen über die Aufteilung von Fangmöglichkeiten, die Kroatien im Jahr 2013 auf Unionsebene zugeteilt wurden, in die einschlägigen Unionsinstrumente aufgenommen werden. In den Zahlen betreffend die Fang- und Aufzuchtkapazitäten Kroatiens für Roten Thun, die mit der vorliegenden Verordnung hinzugefügt werden, kommen die Bestimmungen des Wiederauffüllungsplans für Roten Thun für Kroatien bis 2013 der Internationalen Kommission für die Erhaltung der Thunfischbestände im Atlantik (ICCAT) zum Ausdruck. Überdies muss gemäß Artikel 5 der Verordnung (EG) Nr. 302/2009 des Rates [4] jeder Mitgliedstaat dafür Sorge tragen, dass die Fangkapazität der Schiffe unter seiner Flagge mit seiner Quote vereinbar ist.

---

(1) Verordnung (EU) Nr. 1262/2012 des Rates vom 20. Dezember 2012 zur Festsetzung der Fangmöglichkeiten von EU-Schiffen für bestimmte Bestände von Tiefseearten (2013 und 2014) (ABl. L 356 vom 22.12.2012, S. 22).

(2) Fischereiabkommen zwischen der Europäischen Wirtschaftsgemeinschaft und dem Königreich Norwegen (ABl. L 226 vom 29.8.1980, S. 48).

(3) Verordnung (EU) Nr. 297/2013 des Rates vom 27. März 2013 zur Änderung der Verordnungen (EU) Nr. 44/2012, (EU) Nr. 39/2013 und (EU) Nr. 40/2013 hinsichtlich bestimmter Fangmöglichkeiten (ABl. L 90 vom 28.3.2013, S. 10).

(4) Verordnung (EG) Nr. 302/2009 des Rates vom 6. April 2009 über einen mehrjährigen Wiederauffüllungsplan für Roten Thun im Ostatlantik und im Mittelmeer und zur Änderung der Verordnung (EG) Nr. 43/2009 sowie zur Aufhebung der Verordnung (EG) Nr. 1559/2007 (ABl. L 96 vom 15.4.2009; S. 1).

(14) Die Bestimmungen dieser Verordnung über die Aufwandsbeschränkungen sollten ab dem 1. Februar 2013 gelten. Die Bestimmungen über die Fangbeschränkungen und die Zuteilung der Fangmengen sollten ab dem 1. Januar 2013 gelten, mit Ausnahme der neuen Bestimmungen bezüglich der WCPFC und der IOTC, die ab dem Datum des Inkrafttretens dieser Verordnung gelten sollten. Die aufgrund des Beitritts Kroatiens zur Europäischen Union eingefügten Bestimmungen sollten ab dem Tag des Beitritts gelten. Der Grundsatz der Rechtssicherheit wird durch diese rückwirkende Geltung nicht berührt, da die betreffenden Fangmöglichkeiten noch nicht ausgeschöpft wurden. Da sich Änderungen von Aufwandsregelungen direkt auf die Wirtschaftstätigkeit der betreffenden Flotten niederschlagen, sollte diese Verordnung unmittelbar bei ihrer Veröffentlichung in Kraft treten —

HAT FOLGENDE VERORDNUNG ERLASSEN:

Artikel 1

Änderung der Verordnung (EG) Nr. 754/2009

Artikel 1 Buchstaben b und j der Verordnung (EG) Nr. 754/2009 werden gestrichen.

Artikel 2

Änderung der Verordnung (EU) Nr. 1262/2012

Der Anhang der Verordnung (EU) Nr. 1262/2012 wird gemäß Anhang I der vorliegenden Verordnung geändert.

Artikel 3

Änderung der Verordnung (EU) Nr. 39/2013

(1) Anhang I der Verordnung (EU) Nr. 39/2013 wird gemäß Anhang II der vorliegenden Verordnung geändert.

(2) Anhang IIA der Verordnung (EU) Nr. 39/2013 wird gemäß Anhang III der vorliegenden Verordnung geändert.

Artikel 4

Änderung der Verordnung (EU) Nr. 40/2013

Die Verordnung (EU) Nr. 40/2013 wird wie folgt geändert:

1. Es wird folgender Artikel eingefügt:

„*Artikel 6a*

Flexibilität bei der Festsetzung von Fangmöglichkeiten für bestimmte Bestände

(1) Dieser Artikel gilt für die folgenden Bestände:

a) Schellfisch in dem Gebiet IV; dem Gebiet IIa (EU-Gewässer);

b) Blauer Wittling in den Gebieten I, II, III, IV, V, VI, VII, VIIIa, VIIIb, VIIId, VIIIe, XII und XIV (EU- und internationale Gewässer);

c) Makrele in den Gebieten IIIa und IV; den Gebieten IIa, IIIb, IIIc und IIId (EU-Gewässer);

d) Makrele in den Gebieten VI, VII, VIIIa, VIIIb, VIIId und VIIIe; dem Gebiet Vb (EU- und internationale Gewässer), den Gebieten IIa, XII und XIV (internationale Gewässer);

e) Makrele in den Gebieten VIIIc, IX und X; dem Gebiet CECAF 34.1.1 (EU-Gewässer);

f) Makrele in den Gebieten IIa und IVa (norwegische Gewässer);

g) Hering in den Gebieten I und II (EU-, norwegische und internationale Gewässer).

(2) In Bezug auf jeden Bestand, der in Absatz 1 aufgeführt ist, kann sich ein Mitgliedstaat entscheiden, seine ursprüngliche Quote gemäß Anhang I um bis zu 10 % zu erhöhen. Der betreffende Mitgliedstaat teilt der Kommission seine Entscheidung schriftlich mit. Durch diese Mitteilung gilt die erhöhte Quote als die dem betreffenden Mitgliedstaat für das Jahr 2013 zugeteilte Quote.

(3) Die im Rahmen einer solchen erhöhten Quote im Jahr 2013 in Anspruch genommenen Mengen, die über die ursprüngliche Quote hinausgehen, werden bei der Berechnung der Quote des betreffenden Mitgliedstaats für das Jahr 2014 für den betreffenden Bestand abgezogen (t = t).

(4) Alle im Rahmen der ursprünglichen Quote nicht in Anspruch genommenen Mengen werden bis zu 10 % dieser ursprünglichen Quote bei der Berechnung der Quote des betreffenden Mitgliedstaats für 2014 für den betreffenden Bestand hinzugefügt.

(5) Alle Mengen, die gemäß Artikel 20 Absatz 5 der Verordnung (EG) Nr. 2371/2002 auf andere Mitgliedstaaten übertragen werden, sowie alle Mengen, die gemäß den Artikeln 37, 105 und 107 der Verordnung (EG) Nr. 1224/2009 abgezogen werden, werden zum Zweck der Festsetzung der in Anspruch genommenen Mengen gemäß Absatz 3 des vorliegenden Artikels und der nicht in Anspruch genommenen Mengen gemäß Absatz 4 des vorliegenden Artikels berücksichtigt.

(6) Hat ein Mitgliedstaat von der in Absatz 2 dieses Artikels vorgesehenen Möglichkeit in Bezug auf einen bestimmten Bestand Gebrauch gemacht, so finden die Artikel 3 und 4 der Verordnung (EG) Nr. 847/96 bei diesem Mitgliedstaat keine Anwendung auf diesen Bestand.“

2. In Artikel 10 Absatz 2 werden die Worte „Anhang I“ gestrichen.

3. Artikel 23 erhält folgende Fassung:

„*Artikel 23*

Haie

(1) Das Mitführen an Bord, das Umladen oder Anlanden von Körperteilen oder ganzen Körpern von Haien (Drescher) aller Arten der Familie *Alopiidae* ist in jeder Fischerei verboten.

(2) Das Mitführen an Bord, das Umladen oder Anlanden von Körperteilen oder ganzen Körpern von Weißspitzen-Hochseehaien (*Carcharhinus longimanus*) ist in jeder Fischerei verboten, außer für Fischereifahrzeuge mit einer Länge über alles von weniger als 24 m, die ausschließlich innerhalb der ausschließlichen Wirtschaftszone des Mitgliedstaats, dessen Flagge sie führen, Fischfang betreiben und deren Fänge ausschließlich für den örtlichen Verbrauch bestimmt sind.

(3) Ungewollt gefangenen Exemplaren der in den Absätzen 1 und 2 genannten Arten wird kein Leid zugefügt. Die Fische werden umgehend freigesetzt."

4. Artikel 29 erhält folgende Fassung:

„*Artikel 29*

Bedingungen für die Fischerei auf Großaugenthun, Gelbflossenthun, Echten Bonito und Weißen Thun

(1) Die Mitgliedstaaten gewährleisten, dass die Zahl der Ringwadenfängern für die Fischerei auf Großaugenthun (*Thunnus obesus*), Gelbflossenthun (*Thunnus albacares*) und Echten Bonito (*Katsuwonus pelamis*) gewährten Fangtage im WCPFC-Übereinkommensbereich der Hohen See zwischen 20° nördlicher Breite und 20° südlicher Breite nicht zunimmt.

(2) EU-Fischereifahrzeuge dürfen Weißen Thun (*Thunnus alalunga*) im WCPFC-Übereinkommensbereich südlich von 20° südlicher Breite nicht gezielt befischen."

5. Anhang IA wird gemäß Anhang IV dieser Verordnung geändert.

6. Anhang ID wird gemäß Anhang V dieser Verordnung geändert.

7. Anhang IIA wird gemäß Anhang VI dieser Verordnung geändert.

8. Anhang IV wird gemäß Anhang VII dieser Verordnung geändert.

9. Anhang VI wird gemäß Anhang VIII dieser Verordnung geändert.

Artikel 5

Inkrafttreten

Diese Verordnung tritt am Tag nach ihrer Veröffentlichung im *Amtsblatt der Europäischen Union* in Kraft.

Artikel 3 Absatz 1 sowie Artikel 4 Absätze 1, 2, 5 und 9 gelten jedoch ab dem 1. Januar 2013, Artikel 1, Artikel 3 Absatz 2 und Artikel 4 Absatz 7 gelten ab dem 1. Februar 2013 und Artikel 4 Absätze 6 und 8 gelten ab dem 1. Juli 2013.

Diese Verordnung ist in allen ihren Teilen verbindlich und gilt unmittelbar in jedem Mitgliedstaat.

Geschehen zu Brüssel am 19. November 2013.

Im Namen des Rates
Der Präsident
L. LINKEVIČIUS

ANHANG I

Teil 1 Nummer 2 des Anhangs der Verordnung (EU) Nr. 1262/2012 erhält folgende Fassung:

„2. Im Sinne dieser Verordnung bezeichnet der Ausdruck ‚Tiefseehaie' folgende Haiarten:

Gebräuchlicher Name	Alpha-3-Code	Wissenschaftliche Bezeichnung
Tiefsee-Katzenhai	API	*Apristurus* spp.
Kragenhai	HXC	*Chlamydoselachus anguineus*
Rauer Schlingerhai	CWO	*Centrophorus* spp.
Portugiesenhai	CYO	*Centroscymnus coelolepis*
Samtiger Langnasendornhai	CYP	*Centroscymnus crepidater*
Schwarzer Fabricius-Dornhai	CFB	*Centroscyllium fabricii*
Schnabeldornhai	DCA	*Deania calcea*
Schokoladenhai	SCK	*Dalatias licha*
Großer Schwarzer Dornhai	ETR	*Etmopterus princeps*
Kleiner Schwarzer Dornhai	ETX	*Etmopterus spinax*
Maus-Katzenhai	GAM	*Galeus murinus*
Grauhai	SBL	*Hexanchus griseus*
Segelflossen-Meersau	OXN	*Oxynotus paradoxus*
Messerzahnhai	SYR	*Scymnodon ringens*
Eishai	GSK	*Somniosus microcephalus*“

ANHANG II

In Anhang I Teil B der Verordnung (EU) Nr. 39/2013 erhalten die vier Einträge für die nördliche Komponente des Seehechtbestands folgende Fassung:

„**Art:** Europäischer Seehecht *Merluccius merluccius*		**Gebiet:** Gebiet IIIa; EU-Gewässer der Teilgebiete 22-32 (HKE/3A/BCD)
Dänemark	1 929 (2)	
Schweden	164 (2)	
Union	2 093	
TAC	2 093 (1)	Analytische TAC

(1) Im Rahmen der folgenden Gesamt-TAC für den nördlichen Seehechtbestand: 69 440

(2) Hiervon können Fangmengen auf die Gebiete IIa und IV (EU-Gewässer) übertragen werden. Diese Übertragungen müssen jedoch zuvor der Kommission mitgeteilt werden.

Art: Europäischer Seehecht *Merluccius merluccius*		**Gebiet:** Gebiete IIa und IV (EU-Gewässer) (HKE/2AC4-C)
Belgien	35	
Dänemark	1 409	
Deutschland	162	
Frankreich	312	
Niederlande	81	
Vereinigtes Königreich	439	
Union	2 438	
TAC	2 438 (1)	Analytische TAC

(1) Im Rahmen der folgenden Gesamt-TAC für den nördlichen Seehechtbestand: 69 440

Art: Europäischer Seehecht *Merluccius merluccius*		Gebiet: Gebiete VI und VII; Vb (EU- und internationale Gewässer); XII und XIV (internationale Gewässer) (HKE/571214)
Belgien	358 (1) (3)	
Spanien	11 478 (3)	
Frankreich	17 726 (1) (3)	
Irland	2 148 (3)	
Niederlande	231 (1) (3)	
Vereinigtes Königreich	6 998 (1) (3)	
Union	38 939	
TAC	38 939 (2)	Analytische TAC Artikel 11 dieser Verordnung gilt.

(1) Hiervon können Fangmengen auf die Gebiete IIa und IV (EU-Gewässer) übertragen werden. Diese Übertragungen müssen jedoch zuvor der Kommission mitgeteilt werden.
(2) Im Rahmen der folgenden Gesamt-TAC für den nördlichen Seehechtbestand:
69 440
(3) Zusätzlich zu dieser Quote kann ein Mitgliedstaat Schiffen unter seiner Flagge, die an Versuchen zur vollständig dokumentierten Fischerei teilnehmen, im Rahmen einer Obergrenze von 1 % der diesem Mitgliedstaat zugeteilten Quote zusätzliche Fangmengen gemäß Titel II Kapitel II dieser Verordnung zuteilen.

Besondere Bedingung:

Innerhalb der obengenannten Quoten dürfen in den nachstehend angegebenen Gebieten nur die nachstehend aufgeführten Mengen gefangen werden:

	VIIIa, VIIIb, VIIId und VIIIe (HKE/*8ABDE)
Belgien	46
Spanien	1 852
Frankreich	1 852
Irland	231
Niederlande	23
Vereinigtes Königreich	1 042
Union	5 046

Art: Europäischer Seehecht *Merluccius merluccius*		**Gebiet:** VIIIa, VIIIb, VIIId und VIIIe (HKE/8ABDE.)
Belgien	12 [1]	
Spanien	7 991	
Frankreich	17 944	
Niederlande	23 [1]	
Union	25 970	
TAC	25 970 [2]	Analytische TAC

[1] Hiervon können Fangmengen auf die Gebiete IV und IIa (EU-Gewässer) übertragen werden. Diese Übertragungen müssen jedoch zuvor der Kommission mitgeteilt werden.
[2] Im Rahmen der folgenden Gesamt-TAC für den nördlichen Seehechtbestand:
69 440

Besondere Bedingung:

Innerhalb der obengenannten Quoten dürfen in den nachstehend angegebenen Gebieten nur die nachstehend aufgeführten Mengen gefangen werden:

	VI und VII; Vb (EU- und internationale Gewässer); XII und XIV (internationale Gewässer) (HKE/*57-14)
Belgien	2
Spanien	2 315
Frankreich	4 166
Niederlande	7
Union	6 490“

ANHANG III

Anhang IIA der Verordnung (EU) Nr. 39/2013 wird wie folgt geändert:

a) In Tabelle c erhält die Spalte für das Vereinigte Königreich folgende Fassung:

„Reguliertes Fanggerät	UK
TR1	339 592
TR2	1 086 399
TR3	0
BT1	0
BT2	111 693
GN	5 970
GT	158
LL	70 614“

b) In Tabelle d erhält die Spalte für Spanien (ES) folgende Fassung:

„Reguliertes Fanggerät	ES
TR1	249 152
TR2	0
TR3	0
BT1	0
BT2	0
GN	13 836
GT	0
LL	1 402 142“

ANHANG IV

Anhang IA der Verordnung (EU) Nr. 40/2013 wird wie folgt geändert:

a) Der Eintrag für Lumb in den norwegischen Gewässern des Gebiets IV erhält folgende Fassung:

„**Art:** Lumb *Brosme brosme*		**Gebiet:** Gebiet IV (norwegische Gewässer) (USK/04-N.)
Belgien	0	
Dänemark	165	
Deutschland	1	
Frankreich	0	
Niederlande	0	
Vereinigtes Königreich	4	
Europäische Union	170	
TAC	Entfällt“	Analytische TAC Artikel 3 der Verordnung (EG) Nr. 847/96 gilt nicht. Artikel 4 der Verordnung (EG) Nr. 847/96 gilt nicht.

b) Der Eintrag für Blauen Wittling in den Gebieten II, IVa, V, VI nördlich von 56° 30′N und VII westlich von 12° W (EU-Gewässer) erhält folgende Fassung:

„**Art:** Blauer Wittling *Micromesistius poutassou*		**Gebiet:** Gebiet II, IVa, V, VI nördlich von 56° 30′N und VII westlich von 12° W (EU-Gewässer) (WHB/24A567)
Norwegen	99 408 [1] [2]	
TAC	643 000	Analytische TAC

(1) Wird auf die zwischen den Küstenstaaten vereinbarten Fangbeschränkungen für Norwegen angerechnet.

(2) Besondere Bedingung: Die Fänge in Gebiet IV dürfen höchstens 24 852 t betragen, d. h. 25 % der Zugangsquote Norwegens.“

ANHANG V

In Anhang ID der Verordnung (EU) Nr. 40/2013 erhält der Eintrag für Roten Thun im Atlantik östlich von 45° W und Mittelmeer folgende Fassung:

„Art: Roter Thun *Thunnus thynnus*		Gebiet: Atlantik östlich von 45° W und Mittelmeer (BFT/AE45WM)
Zypern	69,44 (4) (7)	
Griechenland	129,07 (7)	
Spanien	2 504,45 (2) (4) (7)	
Frankreich	2 471,23 (2) (3) (4) (7)	
Italien	1 950,42 (4) (5) (7)	
Kroatien	390,59 (6) (7)	
Malta	160,02 (4) (7)	
Portugal	235,50 (7)	
Andere Mitgliedstaaten	27,93 (1) (7)	
Europäische Union	7 938,65 (2) (3) (4) (5) (7)	
TAC	13 400	Analytische TAC Artikel 3 der Verordnung (EG) Nr. 847/96 gilt nicht. Artikel 4 der Verordnung (EG) Nr. 847/96 gilt nicht.

(1) Ausgenommen Zypern, Griechenland, Spanien, Frankreich, Kroatien, Italien, Malta und Portugal, und nur als Beifang.

(2) Besondere Bedingung: Innerhalb dieser TAC gelten die folgenden Fangmengen und die folgende Aufteilung zwischen den Mitgliedstaaten für Fänge von Rotem Thun zwischen 8 kg/75 cm und 30 kg/115 cm, die durch die Fischereifahrzeuge gemäß Anhang IV Nummer 1 (BFT/*8301) getätigt werden:

Spanien	364,09
Frankreich	164,27
Union	528,36

(3) Besondere Bedingung: Innerhalb dieser TAC gelten die folgenden Fangmengen und die folgende Aufteilung zwischen den Mitgliedstaaten für Fänge von Rotem Thun mit einem Gewicht von wenigstens 6,4 kg und einer Länge von wenigstens 70 cm, die durch die Fischereifahrzeuge gemäß Anhang IV Nummer 1 (BFT/*641) getätigt werden:

Frankreich	100
Union	100

(4) Besondere Bedingung: Innerhalb dieser TAC gelten die folgenden Fangmengen und die folgende Aufteilung zwischen den Mitgliedstaaten für Fänge von Rotem Thun zwischen 8 kg/75 cm und 30 kg/115 cm, die durch die Fischereifahrzeuge gemäß Anhang IV Nummer 2 (BFT/*8302) getätigt werden:

Spanien	50,09
Frankreich	49,42
Italien	39,01
Zypern	3,20
Malta	4,71
Union	146,43

(5) Besondere Bedingung: Innerhalb dieser TAC gelten die folgenden Fangmengen und die folgende Aufteilung zwischen den Mitgliedstaaten für Fänge von Rotem Thun zwischen 8 kg/75 cm und 30 kg/115 cm, die durch die Fischereifahrzeuge gemäß Anhang IV Nummer 3 (BFT/*643) getätigt werden:

Italien	39,01
Union	39,01

([6]) Besondere Bedingung: Innerhalb dieser TAC gelten die folgenden Fangmengen und die folgende Aufteilung zwischen den Mitgliedstaaten für Fänge von Rotem Thun zwischen 8 kg/75 cm und 30 kg/115 cm, die durch die Fischereifahrzeuge gemäß Anhang IV Nummer 3 (BFT/*8303F) getätigt werden:

Kroatien	351,53
Union	351,53

([7]) Abweichend von Artikel 7 Absatz 2 der Verordnung (EG) Nr. 302/2009 ist der Fang von Rotem Thun mit Ringwadenfängern im Ostatlantik und im Mittelmeer in der Zeit vom 26. Mai bis 24. Juni 2013 gestattet."

ANHANG VI

In Anhang IIA Anlage 1 Tabelle d der Verordnung (EU) Nr. 40/2013 erhält die Spalte für Frankreich (FR) folgende Fassung:

„Reguliertes Fanggerät	FR
TR1	1 505 354
TR2	6 496 811
TR3	101 316
BT1	0
BT2	1 202 818
GN	342 579
GT	4 338 315
LL	125 141"

ANHANG VII

Anhang IV der Verordnung (EU) Nr. 40/2013 erhält folgende Fassung:

„ANHANG IV

ICCAT-ÜBEREINKOMMENSBEREICH [1]

1. Höchstanzahl der Angelfischereifahrzeuge und Schleppleinenfischer der EU, die im Ostatlantik Roten Thun zwischen 8 kg/75 cm und 30 kg/115 cm aktiv befischen dürfen

Spanien	60
Frankreich	8
Europäische Union	68

2. Höchstanzahl der Fischereifahrzeuge der handwerklichen Küstenfischerei der EU, die im Mittelmeer Roten Thun zwischen 8 kg/75 cm und 30 kg/115 cm aktiv befischen dürfen

Spanien	119
Frankreich	87
Italien	30
Zypern	7
Malta	28
Union	316

3. Höchstanzahl EU-Schiffe, die befugt sind, im Adriatischen Meer Roten Thun zwischen 8 kg/75 cm und 30 kg/115 cm zu Aufzuchtzwecken aktiv zu befischen:

Kroatien	9
Italien	12
Europäische Union	21

4. Höchstanzahl und Gesamttonnage (BRZ) der Fischereifahrzeuge eines jeden Mitgliedstaats, die im Ostatlantik und im Mittelmeer Roten Thun fischen, an Bord behalten, umladen, transportieren oder anlanden dürfen

Tabelle A

	Anzahl der Fischereifahrzeuge						
	Zypern	Kroatien	Griechenland	Italien	Frankreich	Spanien	Malta [1]
Ringwadenfänger	1	9	1	12	17	6	1
Langleinenfänger	4	0	0	30	8	12	20
Köderschiffe	0	0	0	0	8	60	0
Handleinen	0	12	0	0	29	2	0

[1] Die Zahlen unter den Nummern 1, 2 und 3 können verringert werden, um internationalen Verpflichtungen der Union nachzukommen.

Anzahl der Fischereifahrzeuge							
	Zypern	Kroatien	Griechenland	Italien	Frankreich	Spanien	Malta (1)
Trawler	0	0	0	0	57	0	0
Sonstige Fahrzeuge der handwerklichen Fischerei (2)	0	0	16	0	87	32	0

(1) Ein mittelgroßer Ringwadenfischer kann durch höchstens 10 Langleinenfänger ersetzt werden.
(2) Polyvalente Fahrzeuge, die verschiedene Fanggeräte einsetzen (Langleinen, Handleinen, Schleppangeln).

Tabelle B

Gesamtkapazität in BRZ							
	Zypern	Kroatien	Griechenland	Italien	Frankreich	Spanien	Malta
Ringwadenfänger	Noch festzulegen	Noch festzulegen	Noch festzulegen	Noch festzulegen	Noch festzulegen	Noch festzulegen	Noch festzulegen
Langleinenfänger	Noch festzulegen	Noch festzulegen	Noch festzulegen	Noch festzulegen	Noch festzulegen	Noch festzulegen	Noch festzulegen
Köderschiffe	Noch festzulegen	Noch festzulegen	Noch festzulegen	Noch festzulegen	Noch festzulegen	Noch festzulegen	Noch festzulegen
Handleinen	Noch festzulegen	Noch festzulegen	Noch festzulegen	Noch festzulegen	Noch festzulegen	Noch festzulegen	Noch festzulegen
Trawler	Noch festzulegen	Noch festzulegen	Noch festzulegen	Noch festzulegen	Noch festzulegen	Noch festzulegen	Noch festzulegen
Sonstige Fahrzeuge der handwerklichen Fischerei	Noch festzulegen	Noch festzulegen	Noch festzulegen	Noch festzulegen	Noch festzulegen	Noch festzulegen	Noch festzulegen

5. Höchstzahl der Tonnare, die jeder Mitgliedstaat im Ostatlantik und im Mittelmeer für den Fang von Rotem Thun einsetzen darf

	Anzahl Tonnare
Spanien	5
Italien	6
Portugal	1 (1)

(1) Diese Zahl kann weiter erhöht werden, sofern die internationalen Verpflichtungen der Union erfüllt werden.

6. Maximale Mast- und Aufzuchtkapazität für Roten Thun für jeden Mitgliedstaat und Höchstmenge an wild gefangenem Roten Thun, der neu eingesetzt werden darf und den jeder Mitgliedstaat auf seine Thunfischfarmen im Ostatlantik und im Mittelmeer aufteilen kann

Tabelle A

Maximale Thunfischmast- und -aufzuchtkapazität		
	Anzahl der Betriebe	Kapazität in Tonnen
Spanien	17	11 852
Italien	15	13 000

Maximale Thunfischmast- und -aufzuchtkapazität		
	Anzahl der Betriebe	Kapazität in Tonnen
Griechenland	2	2 100
Zypern	3	3 000
Kroatien	7	7 880
Malta	8	12 300

Tabelle B

Höchstmenge an wild gefangenem Roten Thun, der neu eingesetzt werden darf (in Tonnen)	
Spanien	5 855
Italien	3 000
Griechenland	785
Zypern	2 195
Kroatien	2 947
Malta	8 768“

ANHANG VIII

Anhang VI Nummer 2 der Verordnung (EU) Nr. 40/2013 erhält folgende Fassung:

„2. Höchstanzahl EU-Fischereifahrzeuge, die im IOTC-Übereinkommensbereich Schwertfisch und Weißen Thun fangen dürfen

Mitgliedstaat	Höchstanzahl Fischereifahrzeuge	Kapazität (BRZ)
Spanien	27	11 590
Frankreich	41	5 382
Portugal	15	6 925
Vereinigtes Königreich	4	1 400
Europäische Union	87	25 297“